Impressum
Verlag: BABADADA GmbH, Nedderfeld 112 , 22529 Hamburg
Geschäftsführer / Verlagsleitung: Harald Hof
Druck: Books on Demand GmbH, In de Tarpen 42, 22848 Norderstedt

Imprint
Publisher: BABADADA GmbH, Nedderfeld 112 , 22529 Hamburg, Germany
Managing Director / Publishing direction: Harald Hof
Print: Books on Demand GmbH, In de Tarpen 42, 22848 Norderstedt

l'école
학교

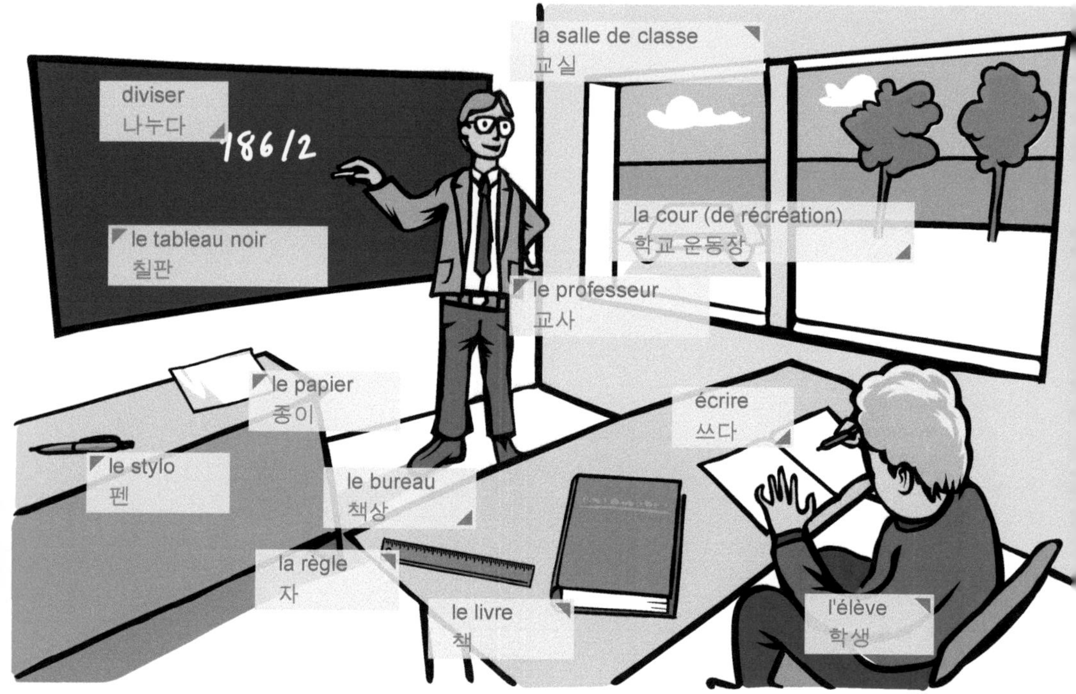

la salle de classe
교실
diviser
나누다
186/2
le tableau noir
칠판
la cour (de récréation)
학교 운동장
le professeur
교사
le papier
종이
écrire
쓰다
le stylo
펜
le bureau
책상
la règle
자
le livre
책
l'élève
학생

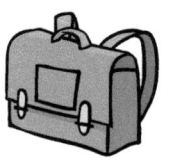

le cartable
책가방

la trousse
필통

le crayon
연필

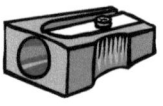

le taille-crayon
연필깎이

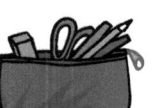

la gomme
지우개

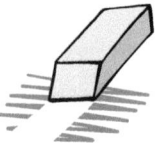

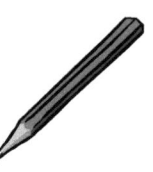

le carnet à dessin
스케치북

le dessin
그림

le pinceau
붓

la boîte de peinture
그림물감 통

les ciseaux
가위

la colle
풀

le cahier d'exercices
연습장

les devoirs
숙제

le chiffre
숫자

2+2

additionner
더하다

5-2

soustraire
빼다

2×2

multiplier
곱하다

calculer
계산하다

A

la lettre
글자

ABCDEFG
HIJKLMN
OPQRSTU
VWXYZ

l'alphabet
알파벳

hello

le mot
낱말

le texte

텍스트

lire

읽다

la craie

분필

la leçon

수업시간

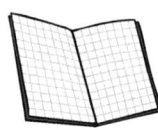

le livre de classe

출석부

l'examen

시험

le certificat

증명서

l'uniforme scolaire

교복

la formation

교육

le lexique

백과사전

l'université

대학교

le microscope

현미경

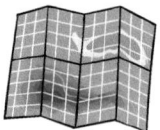

la carte

지도

la corbeille à papier

휴지통

le voyage
여행

l'hôtel
호텔
Grand
l'auberge
호스텔
ROOMS
CHANGE
le bureau de change
환전소
la valise
여행가방
la voiture
자동차

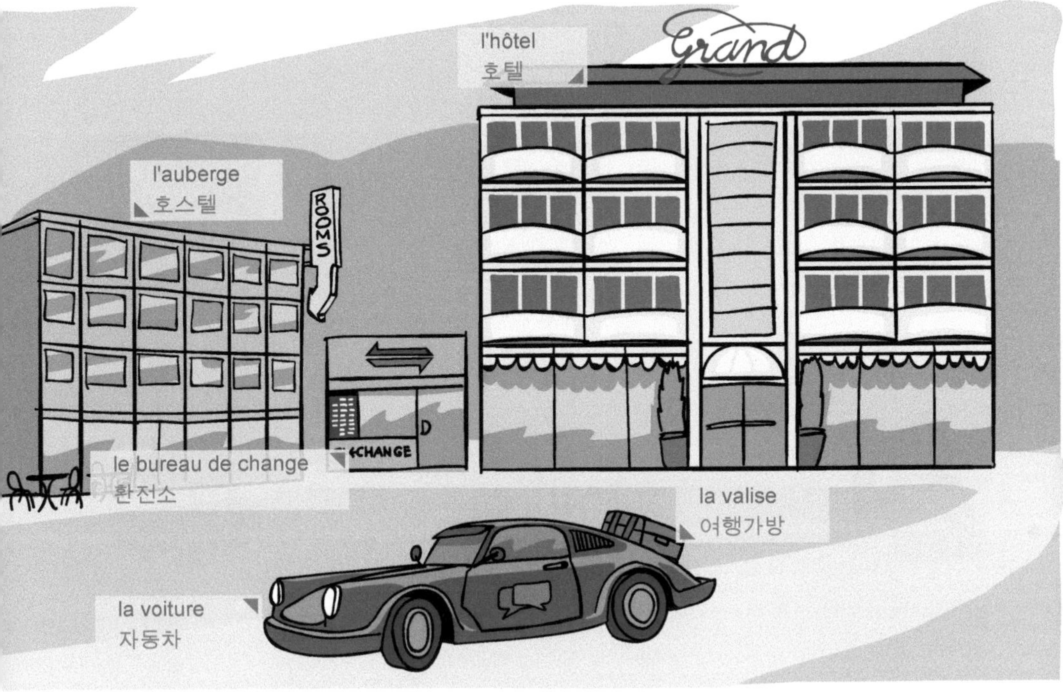

la langue

언어

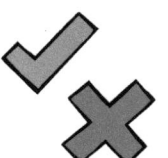

oui / non

예 / 아니오

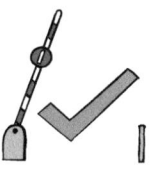

d'accord

좋아

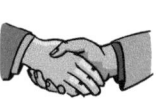

Salut

안녕

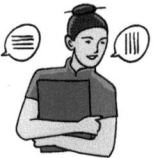

l'interprète

번역가

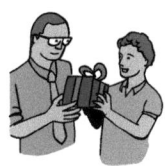

merci

고마워, 고마워요

Combien coûte...?

... 얼마입니까?

Je ne comprends pas

나는 이해하지 못합니다

le problème

문제

Bonsoir !

안녕하세요!

Bonjour !

안녕하세요!

Bonne nuit !

잘자요!

Au revoir

또 만나요

la direction

방향

les bagages

수하물

le sac

가방

le sac-à-dos

배낭

l'hôte

손님

la pièce

방

le sac de couchage

침낭

la tente

텐트

l'office de tourisme

여행 안내

la plage

해변

la carte de crédit

신용카드

le petit-déjeuner

아침식사

le déjeuner

점심식사

le dîner

저녁식사

le billet

승차권

l'ascenseur

승강기

le timbre

우표

la frontière

경계

la douane

세관

l'ambassade

대사관

le visa

비자

le passeport

여권

le transport
운반

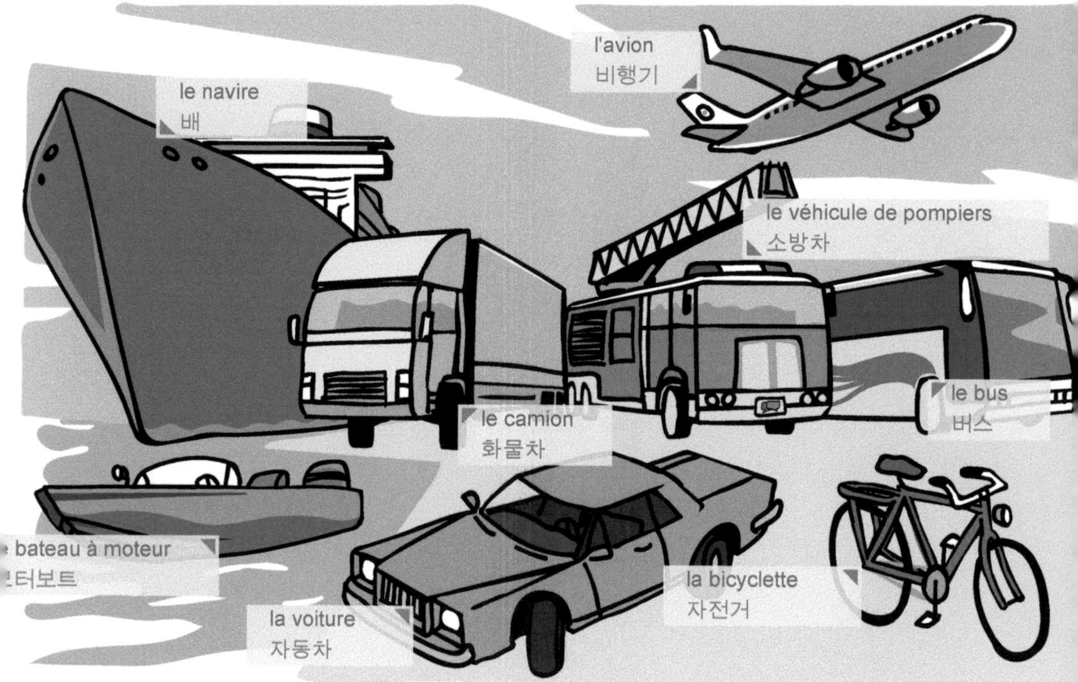

l'avion
비행기
le navire
배
le véhicule de pompiers
소방차
le bus
버스
le camion
화물차
bateau à moteur
터보트
la bicyclette
자전거
la voiture
자동차

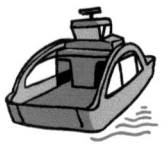

le ferry

페리

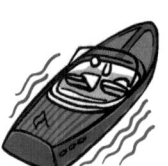

la barque

보트

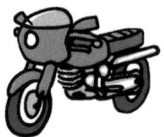

la moto

오토바이

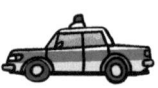

la voiture de police

경찰차

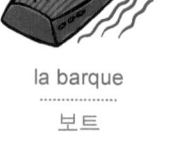

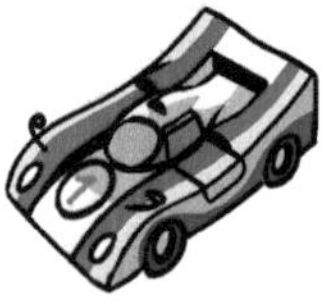

la voiture de course

경주차

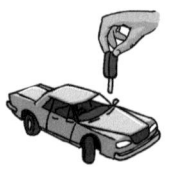

la voiture de location

렌트카

l'auto-partage
....
카셰어링

la voiture de remorquage
....
견인차

la benne à ordures
....
쓰레기차

le moteur
....
모터

l'essence
....
연료

la station d'essence
....
주유소

le panneau indicateur
....
교통 표지

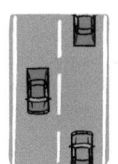

le trafic
....
교통

l'embouteillage
....
교통 정체

le parking
....
주차장

la gare
....
기차역

les rails
....
트랙터

le train
....
기차

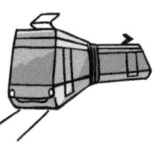

le tramway
....
전차

le wagon
....
객차

l'hélicoptère

헬리콥터

l'aéroport

공항

la tour

타워

le passager

승객

le conteneur

컨테이너

le carton

상자

le chariot

카트

la corbeille

바구니

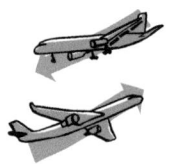

décoller / atterrir

출발하다 / 도착하다

la ville

도시

le village

마을

le centre-ville

도심

la maison

집

le cinéma
영화관

la publicité
광고

le réverbère
가로등

CINEMA

la rue
거리

le taxi
택시

le piéton
보행자

le kiosque
분식점

le trottoir
인도

le passage piéton
횡단보도

la poubelle
쓰레기통

le carrefour
교차로

les feux de circulation
신호등

la cabane

오두막

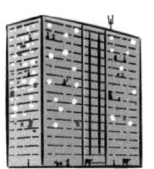

l'appartement

주택

la gare

기차역

la mairie

시청

le musée

박물관

l'école

학교

la ville - 도시

l'université

대학교

la banque

은행

l'hôpital

병원

l'hôtel

호텔

la pharmacie

약국

le bureau

사무실

la librairie

서점

le magasin

상점

le fleuriste

꽃가게

le supermarché

수퍼마켓

le marché

시장

le grand magasin

백화점

la poissonnerie

생선가게

le centre commercial

쇼핑 센터

le port

항구

le parc
공원

la banque
벤치

le pont
다리

les escaliers
계단

le métro
지하철

le tunnel
터널

l'arrêt de bus
버스 정류장

le bar
바

le restaurant
레스토랑

la boîte à lettres
우체통

le panneau indicateur
도로 표지판

le parcmètre
주차료 징수기

le zoo
동물원

le réverbère
수영장

la mosquée
모스크 사원

la ferme

농장

la pollution

환경오염

la cimetière

공동묘지

l'église

교회

l'aire de jeux

놀이터

le temple

절

le paysage

풍경

la feuille
잎

le panneau indicateur
이정표

le chemin
길

le pré
초원

la pierre
돌

l'arbre
나무

le randonneur
도보여행자

la rivière
강

l'herbe
잔디

la fleur
꽃

la vallée
계곡

la montagne
산

le lac
호수

la forêt
숲

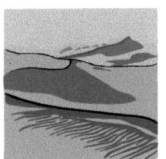

le désert
사막

le volcan
화산

le château
성

l'arc-en-ciel
무지개

le champignon
버섯

le palmier
야자나무

le moustique
모기

la mouche
파리

les fourmis
개미

l'abeille
벌

l'araignée
거미

le coléoptère

딱정벌레

la grenouille

개구리

l'écureuil

다람쥐

le hérisson

고슴도치

le lièvre

토끼

la chouette

부엉이

l'oiseau

새

le cygne

백조

le sanglier

맷돼지

le cerf

사슴

l'élan

순록

le barrage

댐

l'éolienne

풍력 터빈

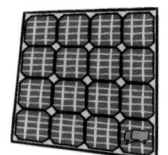

le panneau solaire

태양광 전지판

le climat

기후

le paysage - 풍경

le restaurant
레스토랑

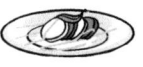

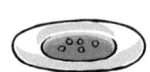

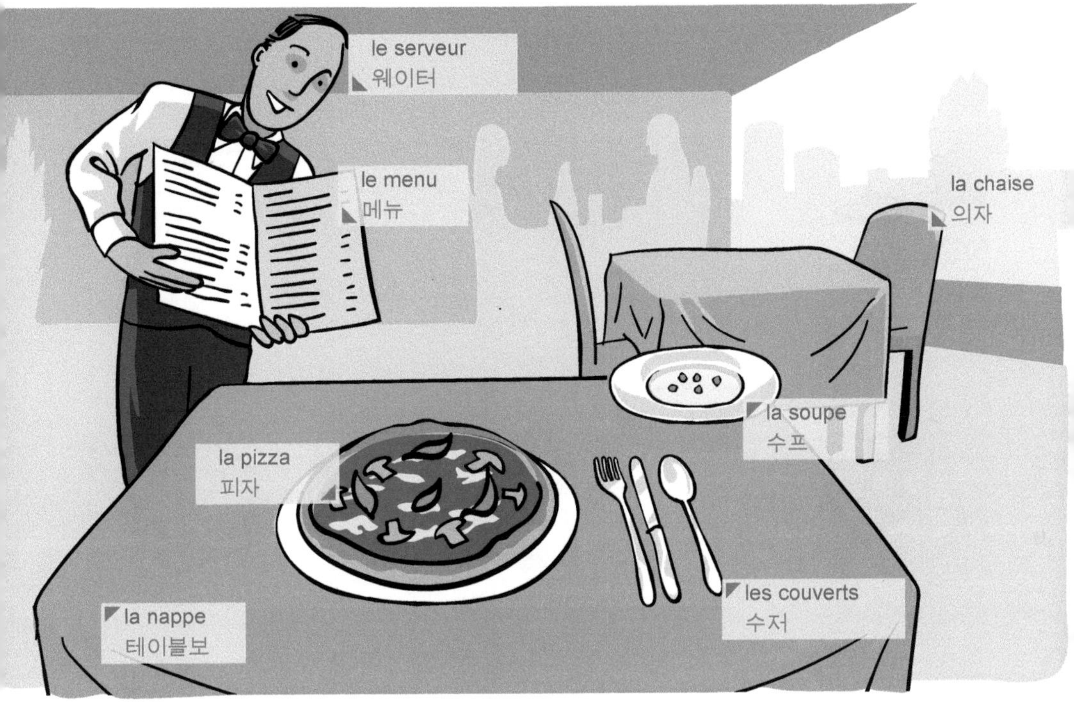
le serveur
웨이터
le menu
메뉴
la chaise
의자
la soupe
수프
la pizza
피자
les couverts
수저
la nappe
테이블보

les hors d'œuvre

전채요리

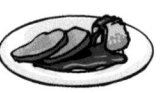

le plat principal

주요리

le dessert

후식

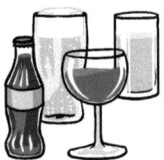

les boissons

음료수

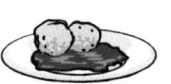

l'alimentation

음식

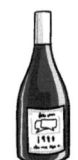

la bouteille

병

le fast-food

인스턴트 식품

les plats à emporter

길거리음식

la théière

찻주전자

le sucrier

설탕통

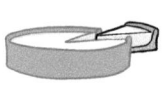

la portion

인분

la machine à expresso

에스프레소 머신

la chaise haute

높은 의자

la facture

계산서

le plateau

쟁반

le couteau

칼

la fourchette

포크

la cuillère

숟가락

la cuillère à thé

찻숟가락

la serviette

냅킨

le verre

유리잔

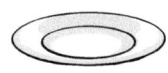

l'assiette
접시

l'assiette à soupe
수프 그릇

la soucoupe
컵 받침

la sauce
소스

la salière
소금통

le moulin à poivre
후추통

le vinaigre
식초

l'huile
기름

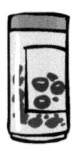

les épices
양념

le ketchup
케첩

la moutarde
겨자

la mayonnaise
마요네즈

le supermarché
수퍼마켓

l'offre promotionnelle
특가 판매
FOR
le client
고객
les produits laitiers
유제품
les fruits
과일
le chariot
트롤리

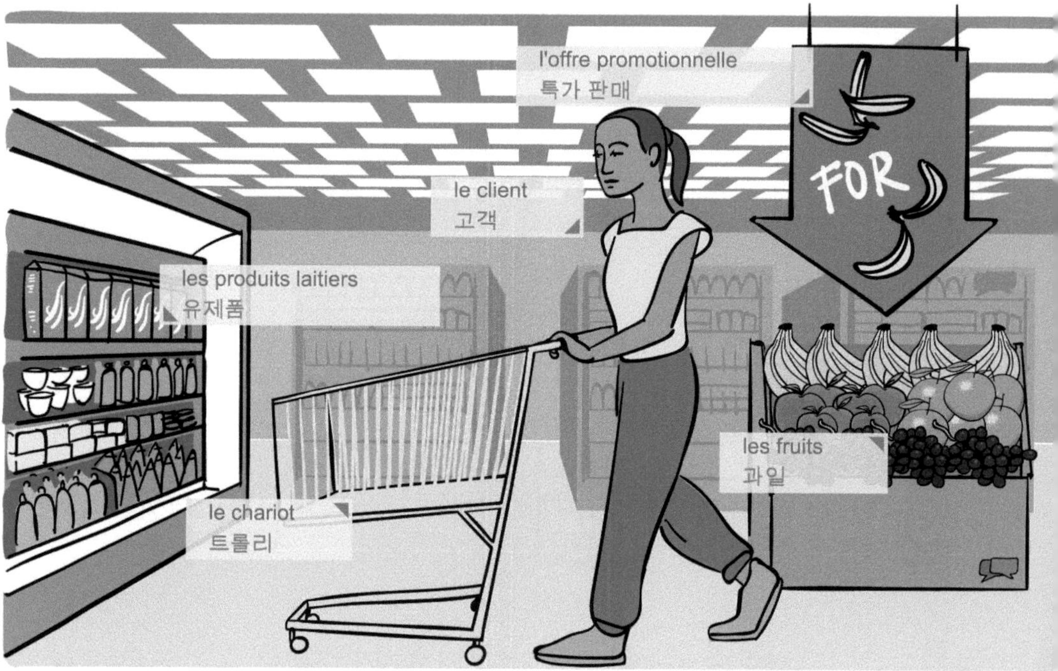

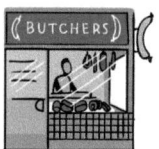

BUTCHERS

la boucherie
정육점

BAKERY

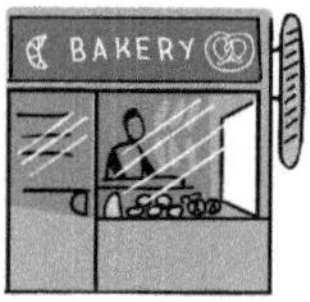

la boulangerie
빵집

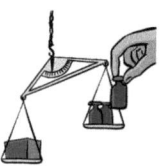

peser
무게가 나가다

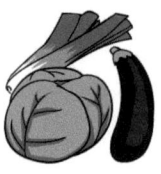

les légumes
채소

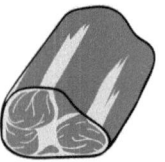

la viande
고기

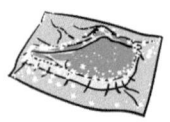

les aliments surgelés
냉동식품

la charcuterie

냉육

les conserves

통조림

la poudre à lessive

가루 세제

les bonbons

달콤한 간식

les articles ménagers

가정용품

les détergents

세척제

la vendeuse

판매원

la caisse

계산대

le caissier

계산원

la liste d'achats

구매목록

les heures d'ouverture

문 여는 시간

le portefeuille

지갑

la carte de crédit

신용카드

le sac

가방

le sac en plastique

비닐 봉투

l'eau

물

le jus de fruit

주스

le lait

우유

le coca

콜라

le vin

와인

la bière

맥주

l'alcool

술

le chocolat chaud

카카오

le thé

차고

le café

커피

l'expresso

에스프레소

le cappuccino

카푸치노

la banane

바나나

la pomme

사과

l'orange

오렌지

le melon

수박

le citron.

레몬

la carotte

당근

l'ail

마늘

le bambou

대나무

l'oignon

양파

le champignon

버섯

les noisettes

견과류

les pâtes

국수

les spaghetti

스파게티

le riz

쌀

la salade

샐러드

les pommes frites

감자칩

les pommes de terre rôties

감자튀김

la pizza

피자

le hamburger

햄버거

le sandwich

샌드위치

l'escalope

커틀렛

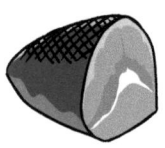

le jambon

햄

le salami

살라미

la saucisse

소시지

le poulet

닭

le rôti

구이

le poisson

생선

les flocons d'avoine

오트밀

le muesli

뮤슬리

les cornflakes

콘플레이크

la farine

밀가루

le croissant

크루아상

les petits-pains

롤빵

le pain

빵

le pain grillé

토스트

les biscuits

비스킷

le beurre

버터

le fromage blanc

응유

le gâteau

케이크

l'œuf

달걀

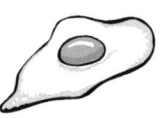

l'œuf au plat

계란 후라이

le fromage

치즈

la glace

아이스크림

le sucre

설탕

le miel

꿀

la confiture

잼

la crème nougat

누가 크림

le curry

카레

la ferme
농장

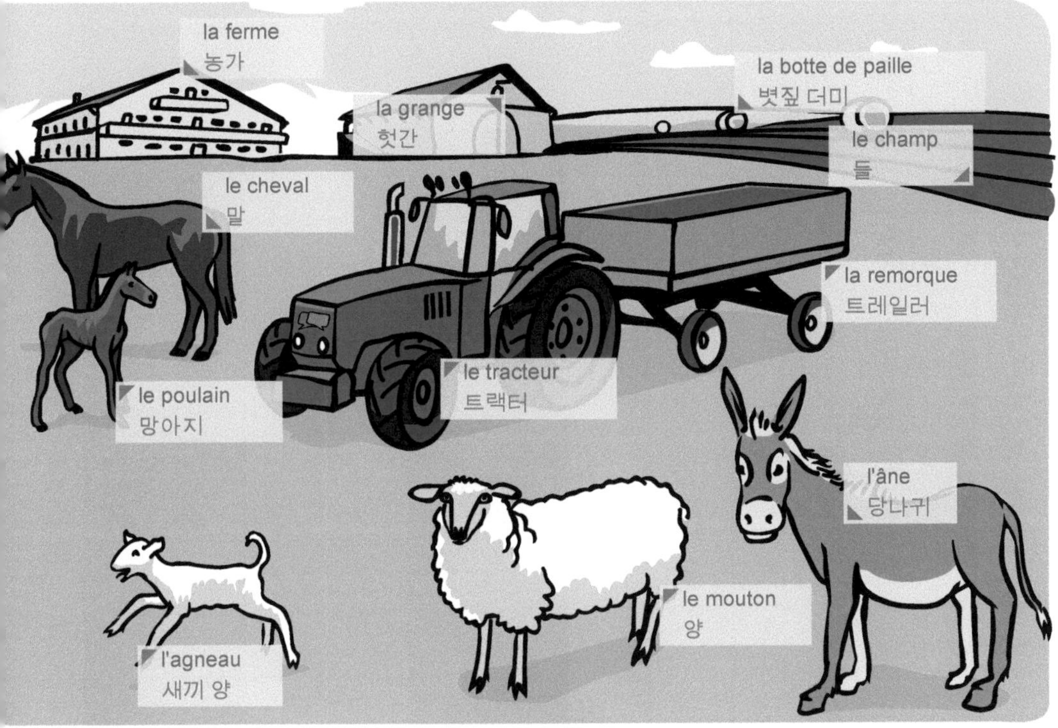
la ferme
농가
la grange
헛간
la botte de paille
볏짚 더미
le champ
들
le cheval
말
la remorque
트레일러
le tracteur
트랙터
le poulain
망아지
l'âne
당나귀
le mouton
양
l'agneau
새끼 양

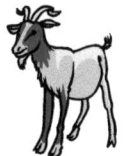

la chèvre
염소

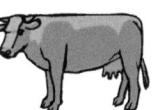

la vache
암소

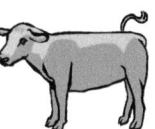

le veau
송아지

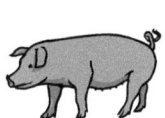

le porc
돼지

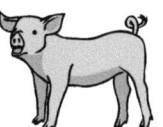

le porcelet
새끼 돼지

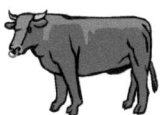

le taureau
황소

l'oie

거위

le canard

오리

le poussin

병아리

la poule

암탉

le coq

수탉

le rat

쥐

le chat

고양이

la souris

생쥐

le bœuf

황소

le chien

개

le chenil

개집

le tuyau de jardin

정원용 호스

l'arrosoir

물뿌리개

la faucheuse

큰 낫

la charrue

쟁기

28   la ferme - 농장

la faucille
낫

la pioche
괭이

la fourche
쇠스랑

la hache
도끼

la brouette
외바퀴 손수레

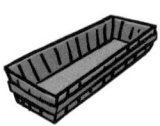
la cuve
여물통

le pot à lait
우유 캔

le sac
부대

la clôture
울타리

l'étable
축사

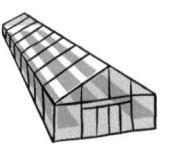
le serre
비닐하우스

le sol
땅

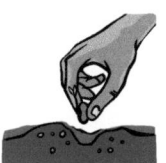
les semences
씨앗

l'engrais
거름

la moissonneuse-batteuse
콤바인

récolter

수확하다

la récolte

수확

l'igname

참마

le blé

밀

le soja

콩

la pomme de terre

감자

le maïs

옥수수

le colza

유채씨

l'arbre fruitier

과일나무

le manioc

카사바

les céréales

곡식

la maison
집

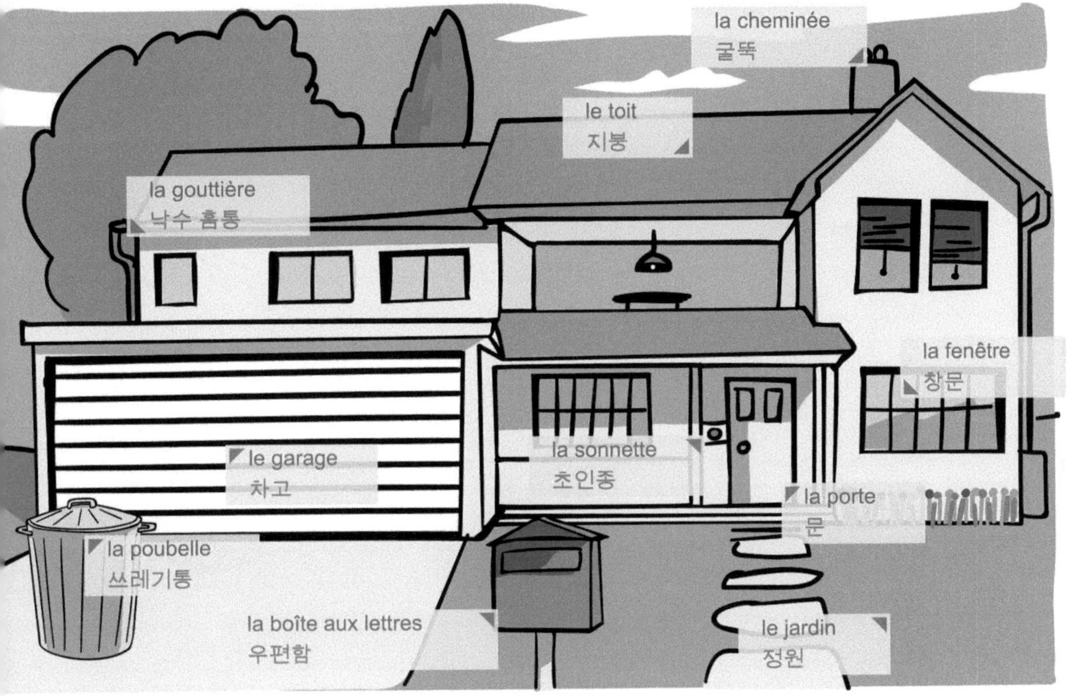

la cheminée
굴뚝
le toit
지붕
la gouttière
낙수 홈통
la fenêtre
창문
le garage
차고
la sonnette
초인종
la porte
문
la poubelle
쓰레기통
la boîte aux lettres
우편함
le jardin
정원

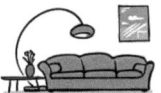

le salon

응접실

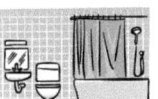

la salle de bain

욕실

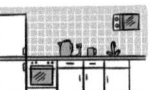

la cuisine

부엌

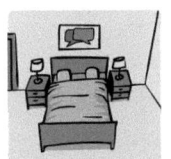

la chambre à coucher

침실

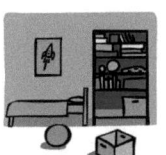

la chambre d'enfant

아이들 방

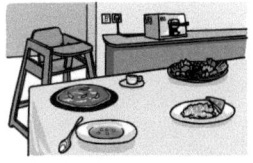

la salle à manger

식사실

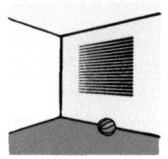

le sol
바닥

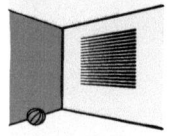

le mur
벽

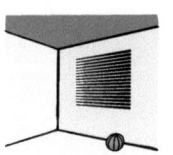

le plafond
천장

la cave
지하실

le sauna
사우나

le balcon
발코니

la terrasse
테라스

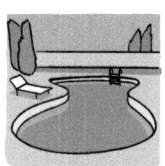

la piscine
수영장

la tondeuse à gazon
잔디 깎는 기계

la housse
침대 시트

la couette
이불

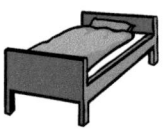

le lit
침대

le balai
빗자루

le sceau
양동이

l'interrupteur
스위치

le papier peint
벽지

l'image
그림

la lampe
전등

l'étagère
선반

l'armoire
캐비닛

la cheminée
벽난로

la télé
텔레비전

la fleur
꽃

le coussin
쿠션

le sofa
소파

le vase
꽃병

la télécommande
리모컨

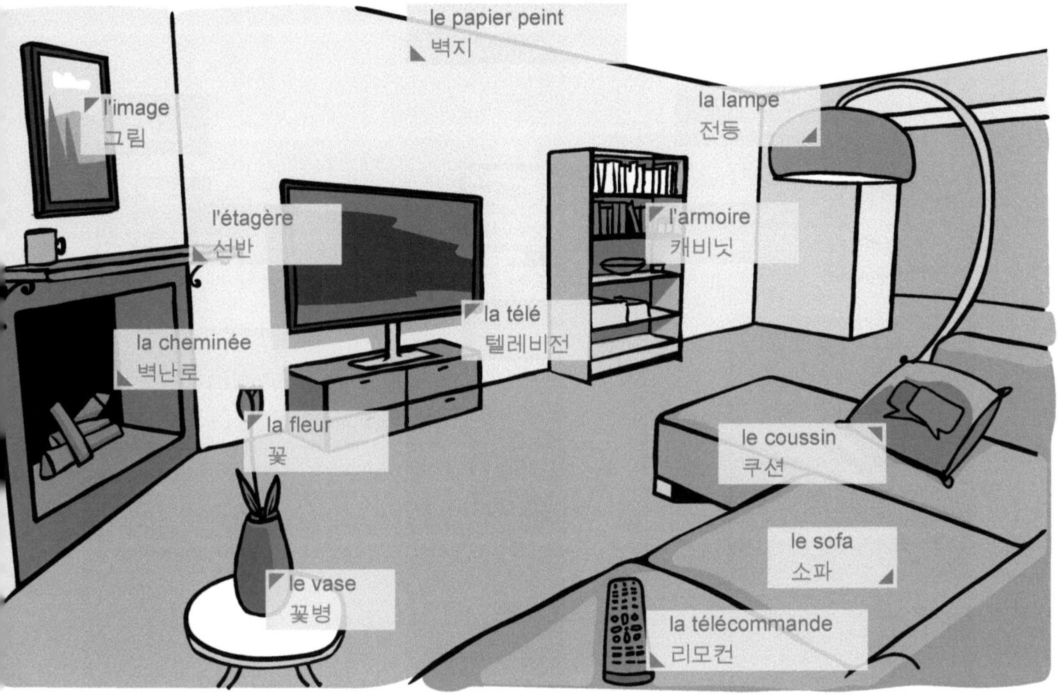

	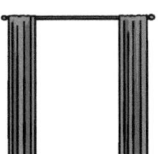	
le tapis 카페트	le rideau 커튼	la table 탁자

la chaise 의자	la chaise à bascule 흔들의자	le fauteuil 안락의자

le livre

책

la couverture

담요

la décoration

장식

le bois de chauffage

뗄감나무

le film

영화

la chaîne hi-fi

하이파이 기기

la clé

열쇠

le journal

신문

la peinture

회화

le poster

포스터

la radio

라디오

le bloc-notes

노트

l'aspirateur

진공청소기

le cactus

선인장

la bougie

초

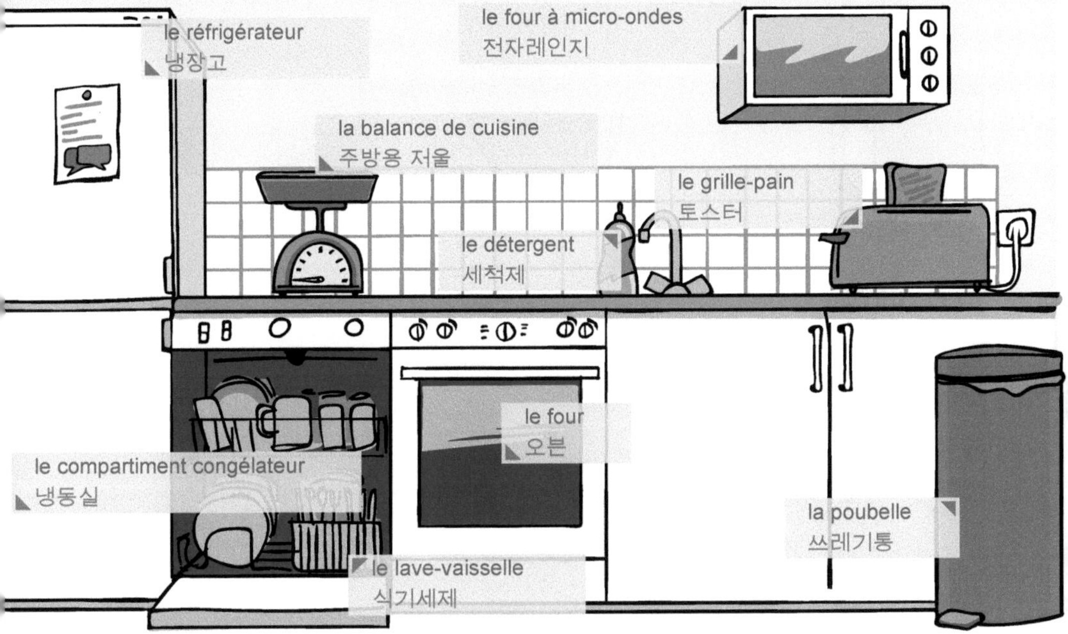

le réfrigérateur
냉장고

le four à micro-ondes
전자레인지

la balance de cuisine
주방용 저울

le grille-pain
토스터

le détergent
세척제

le four
오븐

le compartiment congélateur
냉동실

la poubelle
쓰레기통

le lave-vaisselle
식기세제

le four
쿠커

la casserole
냄비

la marmite
주철 냄비

le wok / kadai
웍 / 카다이 냄비

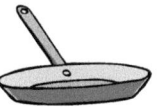

la poêle
프라이팬

la bouilloire electrique
주전자

le cuiseur vapeur

찜기

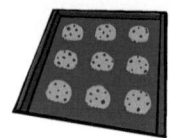

la plaque de cuisson

오븐 구이용 쟁반

la vaisselle

그릇

le gobelet

머그

la coupe

양푼이

les baguettes

젓가락

la louche

국자

la spatule

주걱

le fouet

거품기

la passoire

여과기

le tamis

체

la râpe

강판

le mortier

절구

le barbecue

바베큐

la cheminée

화덕

la planche à découper

도마

le rouleau à pâtisserie

밀방망이

le tire-bouchon

코르크 병따개

la boîte

캔

l'ouvre-boîte

캔 따개

les maniques

냄비 받침

le lavabo

개수대

la brosse

솔

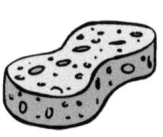

l'éponge

수세미

le mixeur

블렌더

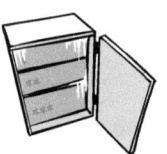

le congélateur

냉동고

le biberon

젖병

le robinet

수도꼭지

la cuisine - 부엌

la salle de bain

욕실

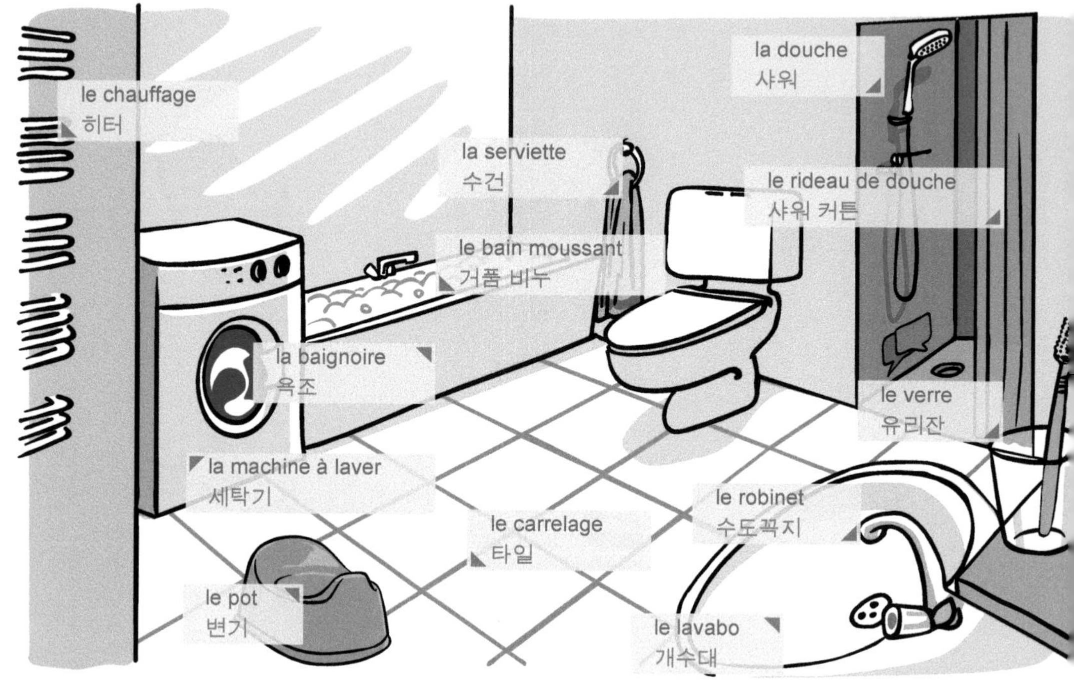

le chauffage
히터
la serviette
수건
la douche
샤워
le rideau de douche
샤워 커튼
le bain moussant
거품 비누
la baignoire
욕조
le verre
유리잔
la machine à laver
세탁기
le robinet
수도꼭지
le carrelage
타일
le pot
변기
le lavabo
개수대

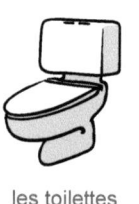

les toilettes

화장실

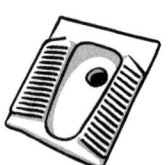

la toilette à la turque

재래식 화장실

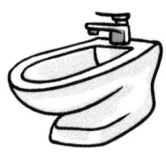

le bidet

비데

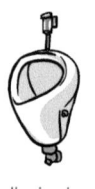

l'urinoir

공중 변소

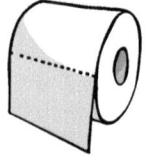

le papier toilette

화장지

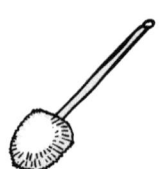

la brosse à toilette

변기솔

la brosse à dents

치솔

le dentifrice

치약

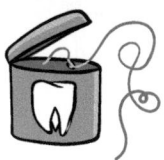

le fil dentaire

치실

laver

씻다

la douche manuelle

샤워기

la douche intime

질 세척제

la vasque

대야

la brosse dorsale

등밀이솔

le savon

비누

le gel douche

샤워 젤

le shampooing

샴푸

le gant de toilette

물걸레

l'écoulement

배수관

la crème

크림

le déodorant

체취 제거제

le miroir

거울

le miroir cosmétique

휴대용 거울

le rasoir

면도기

la mousse à raser

면도 거품

l'après-rasage

에프터쉐이브

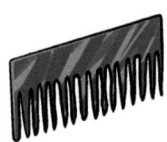

la peigne

빗

la brosse

솔

le sèche-cheveux

헤어드라이기

la laque pour cheveux

헤어스프레이

le fond de teint

메이크업

le rouge à lèvres

립스틱

le vernis à ongles

손톱깎이

l'ouate

면 솜

le coupe-ongles

손톱

le parfum

향수

la trousse de toilette

세면도구 주머니

le tabouret

스툴

le pèse-personne

저울

le peignoir

목욕 가운

les gants de nettoyage

고무 장갑

le tampon

탐폰

les serviettes hygiéniques

생리대

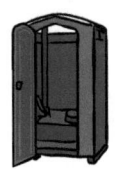

la toilette chimique

화학 화장실

la chambre d'enfant
아이들 방

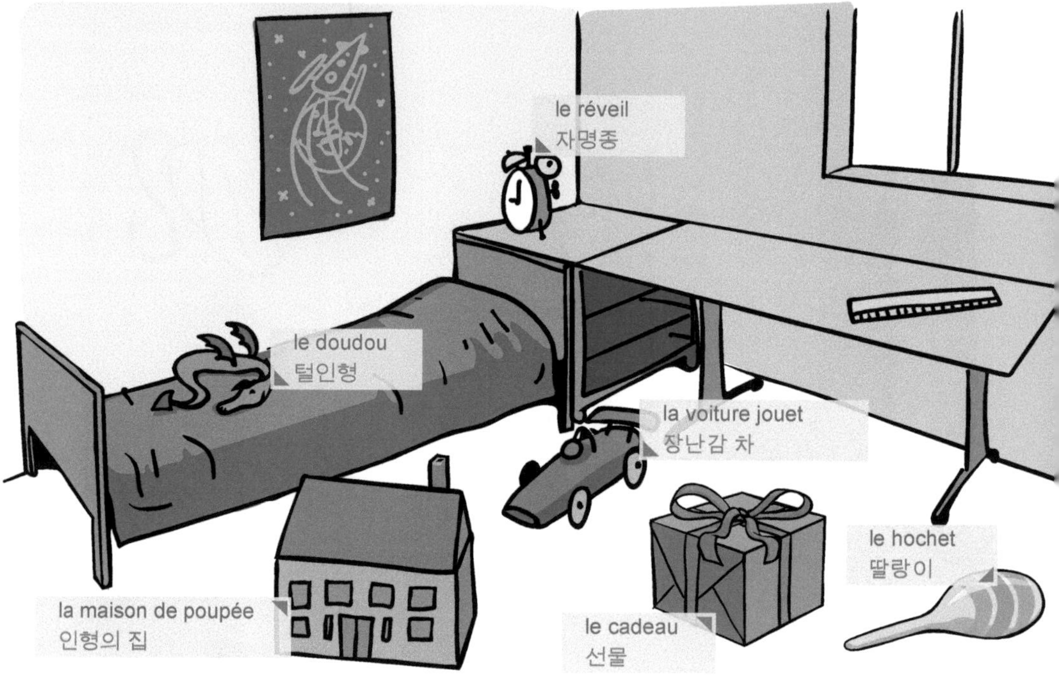

le réveil
자명종
le doudou
털인형
la voiture jouet
장난감 차
le hochet
딸랑이
la maison de poupée
인형의 집
le cadeau
선물

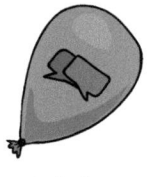

le ballon
풍선

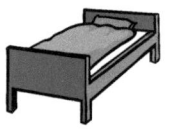

le lit
침대

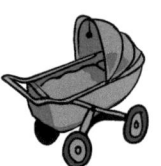

la poussette
유모차

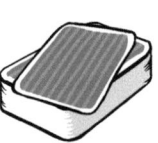

le jeu de cartes
카드 게임

le puzzle
퍼즐

SUPER MEGA

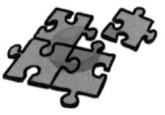

la bande dessinée
만화

les pièces lego
레고

les blocs de construction
장난감 블럭

la figurine
액션 캐릭터

la grenouillère
베이비 그로

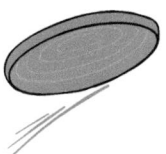

le frisbee
프리스비

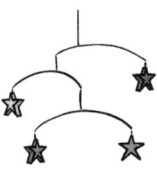

le mobile
모빌

le jeu de société
보드 게임

le dé
주사위

le train miniature
기차 모형 세트

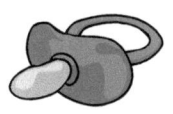

la sucette
노리개 젖꼭지

la fête
파티

le livre d'images
그림책

la balle
공

la poupée
인형

jouer
놀다

la chambre d'enfant - 아이들 방

le bac à sable
모래상자

la balançoire
그네

les jouets
장난감

la console de jeu
비디오 게임 콘솔

le tricycle
세바퀴자전거

l'ours en peluche
곰인형

l'armoire
옷장

les vêtements
의복

les chaussettes
양말

les bas
스타킹

le collant
스타킹

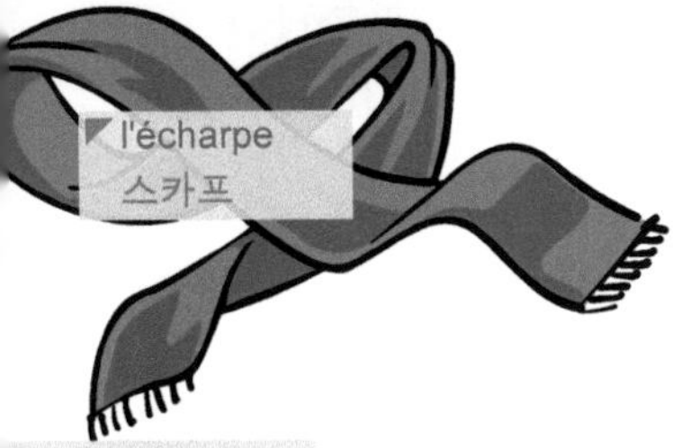

l'écharpe
스카프

le parapluie
우산

le t-shirt
티셔츠

la ceinture
허리띠

les bottes
부츠

les pantoufles
슬리퍼

les baskets
운동화

les sandales
·············
샌들

les chaussures
·············
신발

les bottes de caoutchouc
·············
고무 장화

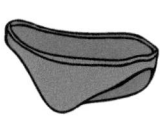

les sous-vêtements
·············
팬티

le soutien-gorge
·············
브래지어

le maillot de corps
·············
러닝 셔츠

le body

바디

le pantalon

바지

le jean

청바지

la jupe

치마

le chemisier

블라우스

la chemise

셔츠

le pull

풀오버

le sweat à capuche

후드티

la veste

블레이저

la veste

자켓

le manteau

외투

l'imperméable

비옷

le costume

의상

la robe

원피스

la robe de mariée

웨딩 드레스

le costume
양복

la chemise de nuit
나이트가운

le pyjama
잠옷

le sari
사리

le foulard
두건

le turban
터번

la burqa
부르카

le caftan
카프탄

l'abaya
아바야

le maillot de bain
수영복

le maillot de bain
수영바지

le short
반바지

la tenue d'entraînement
트레이닝복

le tablier
앞치마

les gants
장갑

le bouton

단추

les lunettes

안경

le bracelet

팔찌

le collier

목걸이

la bague

반지

la boucle d'oreille

귀걸이

le bonnet

캡 모자

le cintre

옷걸이

le chapeau

모자

la cravate

넥타이

la fermeture éclair

지퍼

le casque

헬멧

les bretelles

멜빵

l'uniforme scolaire

교복

l'uniforme

유니폼

le bavoir

턱받이

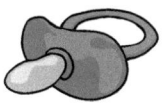

la sucette

노리개 젖꼭지

la lange

기저귀

le bureau
사무실

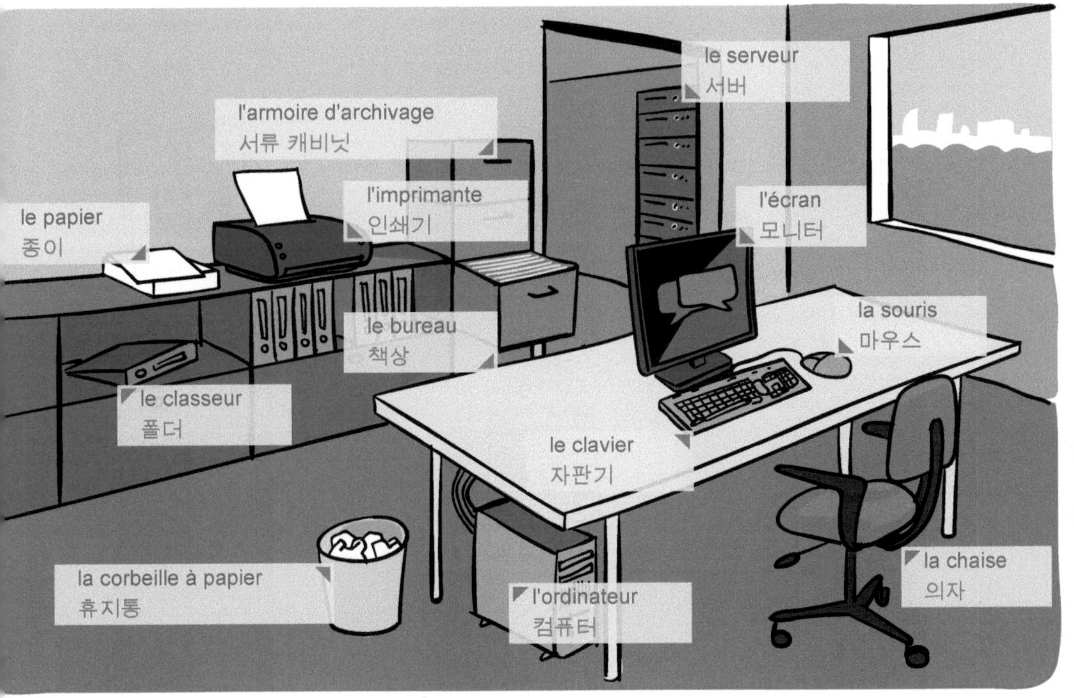

le serveur
서버

l'armoire d'archivage
서류 캐비닛

l'imprimante
인쇄기

l'écran
모니터

le papier
종이

la souris
마우스

le bureau
책상

le classeur
폴더

le clavier
자판기

la chaise
의자

la corbeille à papier
휴지통

l'ordinateur
컴퓨터

la tasse de café

커피잔

la calculatrice

계산기

l'internet

인터넷

l'ordinateur portable

노트북

la lettre

편지

le message

메시지

le portable

휴대전화

le réseau

네트워크

la photocopieuse

복사기

le logiciel

소프트웨어

le téléphone

전화

la prise

플러그 소켓

le fax

팩시밀리

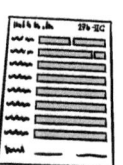

le formulaire

서식

le document

서류

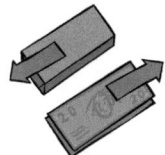

acheter

사다

payer

지불하다

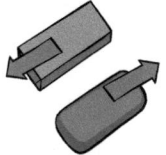

faire du commerce

거래하다

la monnaie

돈

le dollar

달러

l'euro

유로

le yen

엔

le rouble

루벨

le franc suisse

스위스 프랑

le renminbi yuan

위안

la roupie

루피

le distributeur automatique

현금인출기

le bureau de change

환전소

l'or

금

l'argent

은

le pétrole

석유

l'énergie

에너지

le prix

가격

le contrat

계약

la taxe

세금

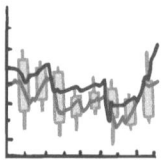

l'action

주식

travailler

일하다

l'employé

근로자

l'employeur

고용주

l'usine

공장

le magasin

상점

les professions

직업

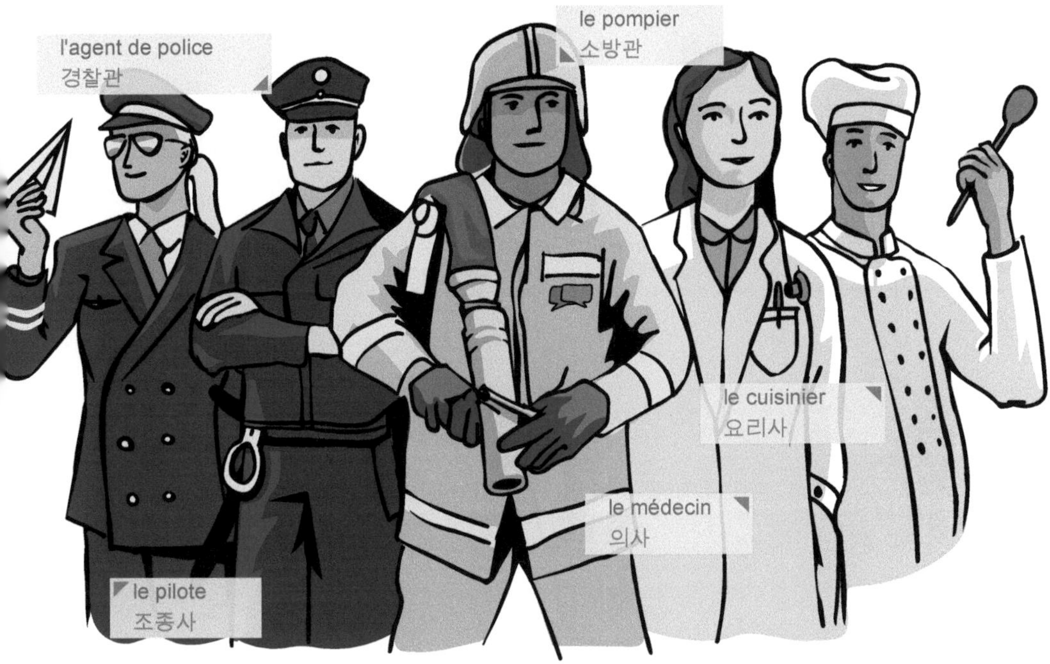
l'agent de police
경찰관
le pompier
소방관
le cuisinier
요리사
le médecin
의사
le pilote
조종사

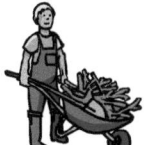

le jardinier

정원사

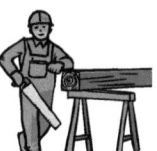

le menuisier

목수

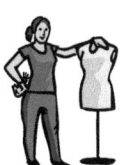

la couturière

수선공

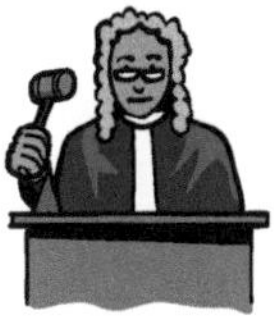

le juge

판사

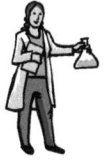

le chimiste

화학자

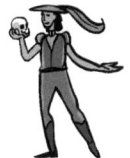

l'acteur

배우

le conducteur de bus

버스운전사

le chauffeur de taxi

택시 운전사

le pêcheur

어부

la femme de ménage

청소부

le couvreur

지붕 수리자

le serveur

웨이터

le chasseur

사냥꾼

le peintre

화가

le boulanger

제빵사

l'électricien

전기업자

l'ouvrier

건축업자

l'ingénieur

엔지니어

le boucher

정육점업자

le plombier

배관업자

le facteur

우편물 배달부

le soldat

군인

l'architecte

건축가

le caissier

계산원

le fleuriste

플로리스트

le coiffeur

미용사

le contrôleur

검표원

le mécanicien

정비사

le capitaine

선장

le dentiste

치과의사

le scientifique

학자

le rabbin

유대교 라비

l'imam

이맘

le moine

수도승

le prêtre

사제

les outils
연장

les pinces
펜치
le marteau
망치
le tournevis
나사 드라이버
la clé
렌치
la torche
손전등

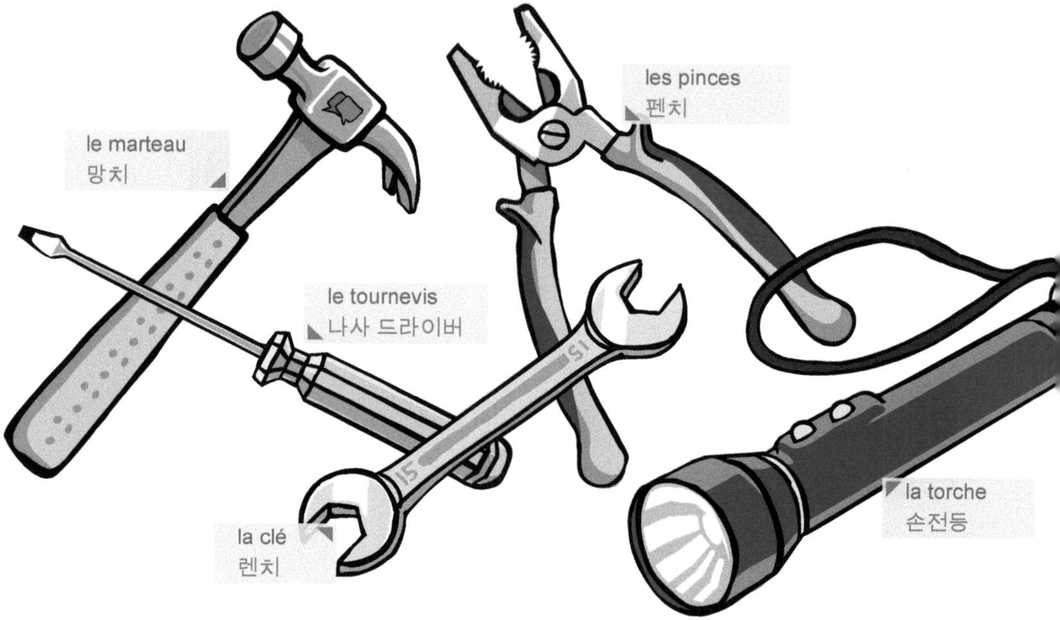

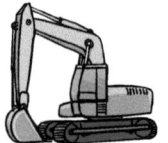

la pelleteuse

굴삭기

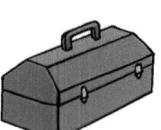

la boîte à outils

연장통

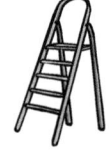

l'échelle

사다리

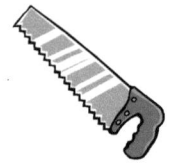

la scie

톱

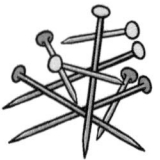

les clous

못

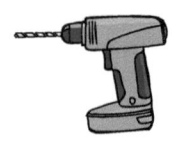

la perceuse

드릴

réparer
수리하다

la pelle
삽

Mince !
젠장!

la pelle
쓰레받기

le pot de peinture
페인트통

les vis
나사

les instruments de musique
악기

le haut-parleurs
스피커

la batterie
드럼

la guitare
기타

la contrebasse
콘트라베이스

la trompette
트럼펫

le piano

피아노

le violon

바이올린

la basse

베이스

les timbales

팀파니

le tambour

북

le piano électrique

키보드

le saxophone

색소폰

la flûte

플루트

le microphone

마이크

les instruments de musique - 악기

le zoo
동물원

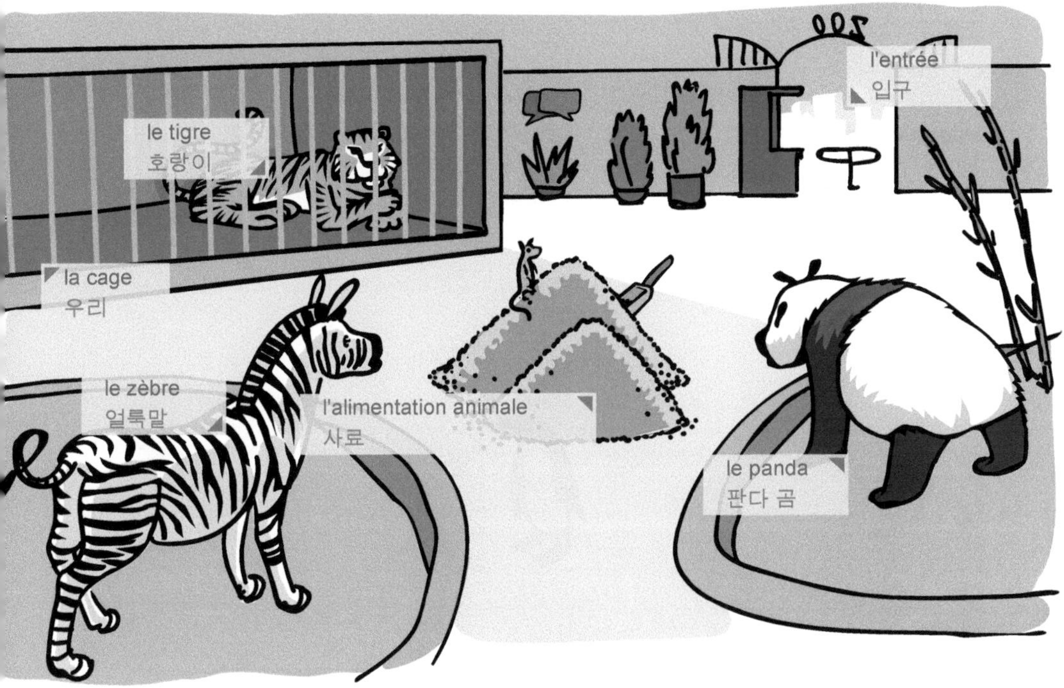
l'entrée
입구
le tigre
호랑이
la cage
우리
le zèbre
얼룩말
l'alimentation animale
사료
le panda
판다 곰

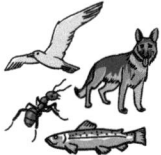

les animaux
동물

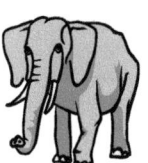

l'éléphant
코끼리

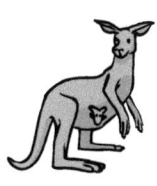

le kangourou
캥거루

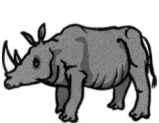

le rhinocéros
코뿔소

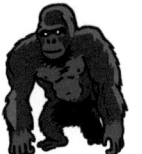

le gorille
고릴라

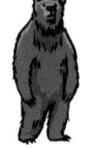

l'ours
곰

le chameau

낙타

l'autruche

타조

le lion

사자

le singe

원숭이

le flamand rose

홍학

le perroquet

앵무새

l'ours polaire

북극곰

le pingouin

펭귄

le requin

상어

le paon

공작

le serpent

뱀

le crocodile

악어

le gardien de zoo

동물원 사육사

le phoque

물개

le jaguar

재규어

le poney

조랑말

le léopard

표범

l'hippopotame

하마

la girafe

기린

l'aigle

독수리

le sanglier

맷돼지

le poisson

생선

la tortue

거북이

le morse

바다코끼리

le renard

여우

la gazelle

영양

l'american Football
미식축구

le cyclisme
자전거 경기

le tennis
테니스

le basket-ball
농구

la natation
수영

le hockey sur glace
아이스하키

la boxe
권투

le football
축구

le badminton
배드민턴

l'athlétisme
육상 경기

le handball
핸드볼

le ski
스키

le polo
폴로

les activités
활동

sauter
뛰어오르다
embrasser
포옹하다
rire
웃다
marcher
걷다
chanter
노래하다
rêver
꿈꾸다
prier
기도하다
faire la bise
입맞추다

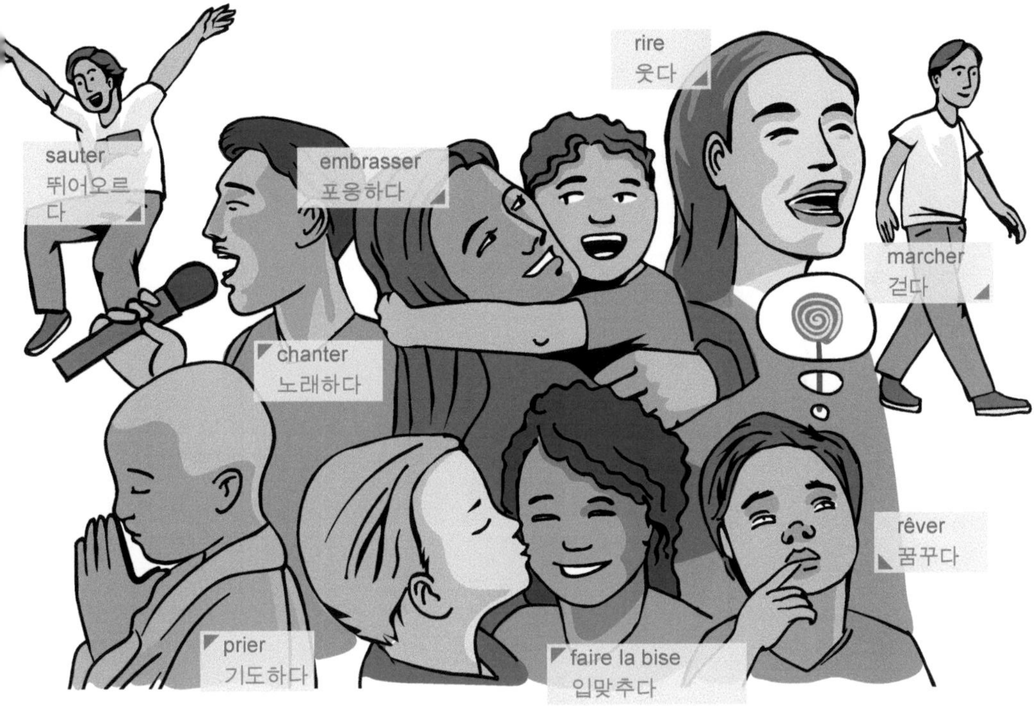

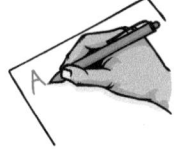

écrire
쓰다

dessiner
그리다

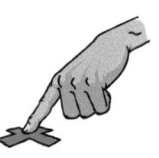

montrer
보여주다

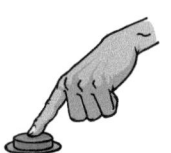

pousser
밀다

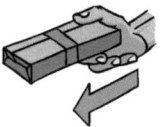

donner
주다

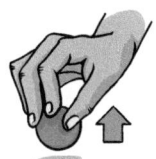

prendre
받다

avoir

가지다

faire

행하다

être

...이다

être debout

서있다

courir

뛰다

trier

당기다

jeter

던지다

tomber

떨어지다

être couché

누워있다

attendre

기다리다

porter

운반하다

être assis

앉다

s'habiller

옷을 입다

dormir

자다

se réveiller

깨다

regarder

보다

pleurer

울다

caresser

쓰다듬다

peigner

빗다

parler

말하다

comprendre

이해하다

demander

묻다

écouter

듣다

boire

마시다

manger

먹다

ranger

정리하다

aimer

사랑하다

cuire

요리하다

conduire

주행하다

voler

날다

faire de la voile

해항하다

calculer

계산하다

lire

읽다

apprendre

배우다

travailler

일하다

se marier

결혼하다

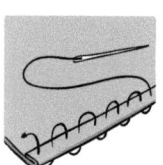

coudre

바느질하다

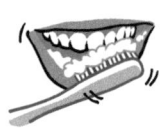

brosser les dents

이를 닦다

tuer

죽이다

fumer

담배 피우다

envoyer

보내다

la famille
가족

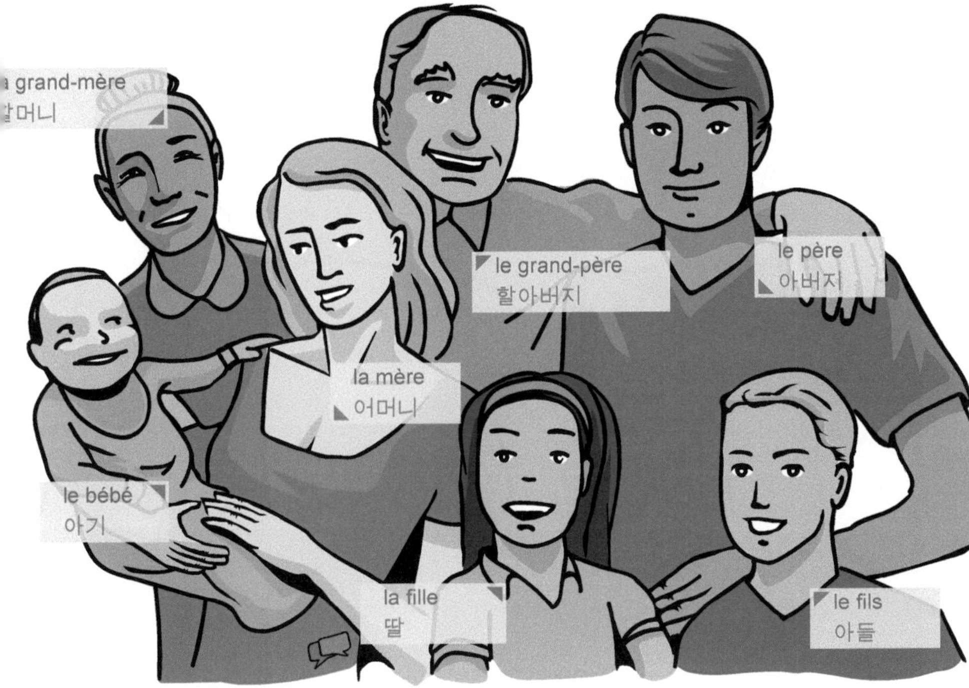
grand-mère
머니
le grand-père
할아버지
le père
아버지
la mère
어머니
le bébé
아기
la fille
딸
le fils
아들

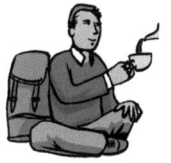

l'hôte

손님

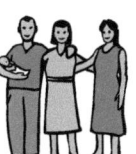

la tante

이모 / 고모

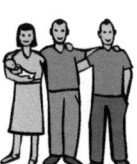

l'oncle

삼촌

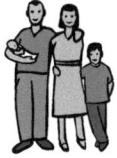

le frère

형제

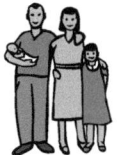

la sœur

자매

le corps

몸통

le front
이마
l'œil
눈
le visage
얼굴
le menton
턱
la poitrine
가슴
le doigt
손가락
la main
손가락
le bras
팔
l'épaule
어깨
la jambe
다리

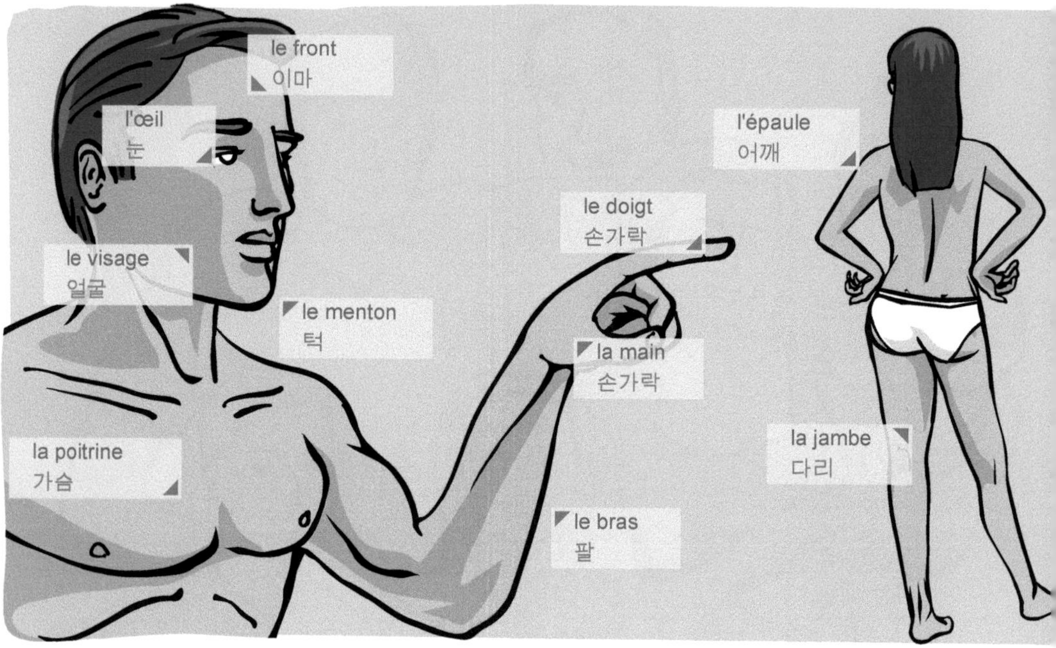

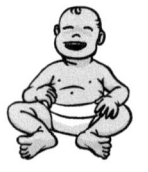

le bébé

아기

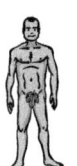

l'homme

남자

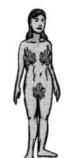

la femme

여자

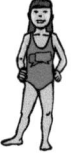

la fille

소녀

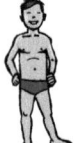

le garçon

소년

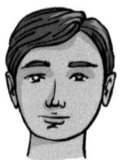

la tête

머리카락

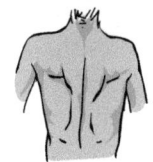

le dos
등

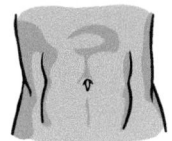

le ventre
배

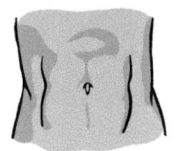

le nombril
배꼽

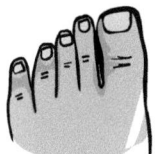

l'orteil
발가락

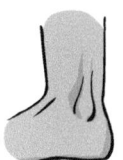

le talon
발꿈치

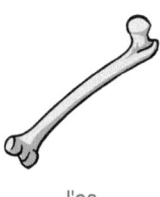

l'os
뼈

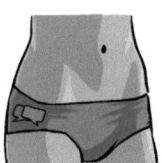

la hanche
엉덩이

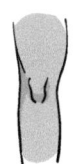

le genou
무릎

le coude
팔꿈치

le nez
코

les fesses
둔부

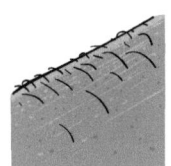

la peau
피부

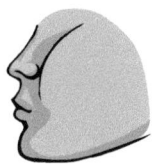

la joue
뺨

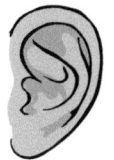

l'oreille
귀

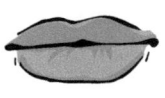

la lèvre
입술

la bouche
입

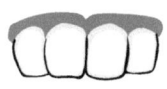

la dent
치아

la langue
혀

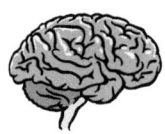

le cerveau
뇌

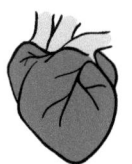

le cœur
심장

le muscle
근육

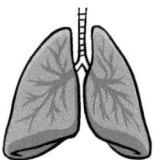

les poumons
허파

le foie
간

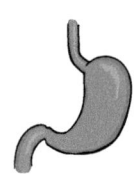

l'estomac
위

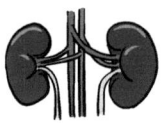

les reins
신장

le rapport sexuel
성교

le préservatif
콘돔

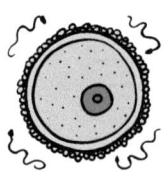

l'ovule
난자

le sperme
정자

la grossesse
임신

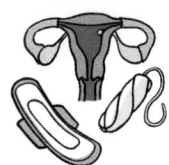

la menstruation

월경

le vagin

질

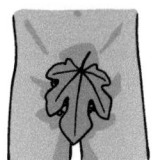

le pénis

음경

le sourcil

눈썹

les cheveux

머리카락

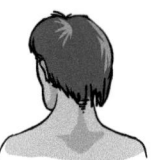

le cou

목

l'hôpital
병원

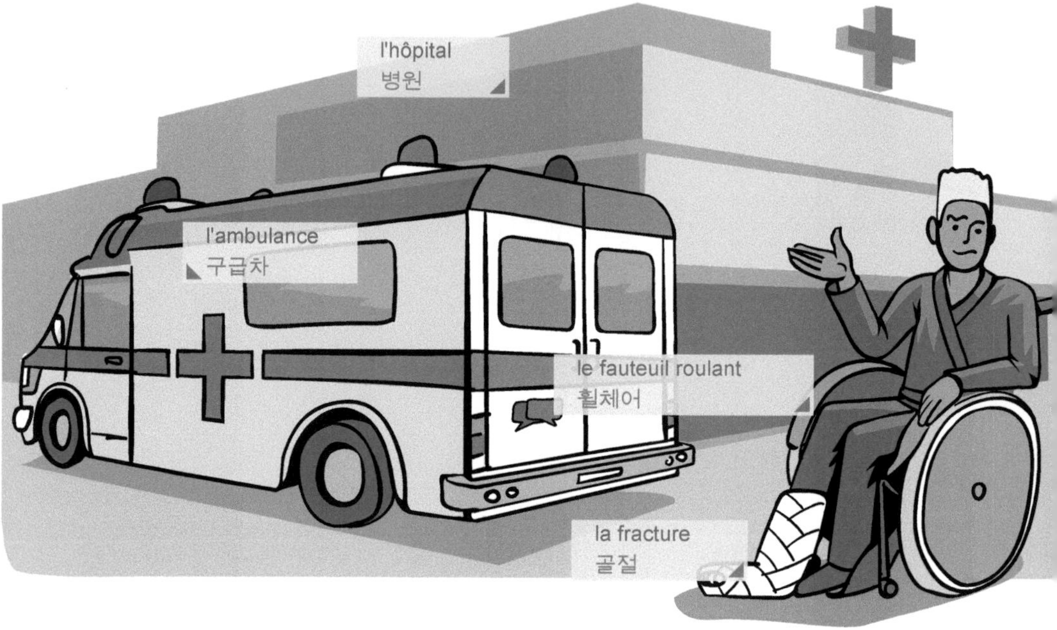

l'hôpital
병원
l'ambulance
구급차
le fauteuil roulant
휠체어
la fracture
골절

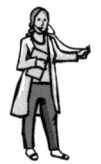

le médecin
의사

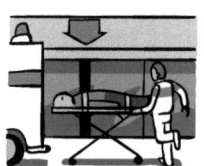

le service des urgences
응급실

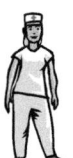

l'infirmière
간호사

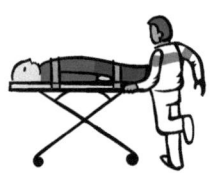

l'urgence
응급상황

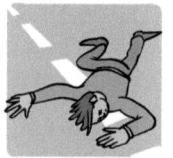

inconscient
혼수상태

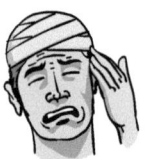

la douleur
통증

la blessure

부상

l'hémorragie

출혈

la crise cardiaque

심장마비

l'attaque cérébrale

뇌졸중

l'allergie

알러지

la toux

기침

la fièvre

열

la grippe

독감

la diarrhée

설사

le mal de tête

두통

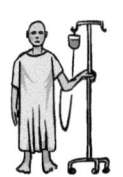

le cancer

암

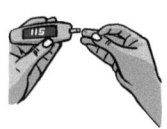

le diabète

당뇨병

le chirurgien

외과의

le scalpel

수술용 메스

l'opération

수술

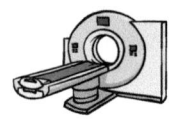

le CT

CT

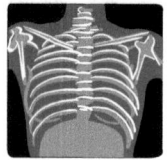

la radiographie

엑스레이

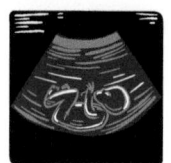

l'échographie

초음파

le masque

마스크

la maladie

질병

la salle d'attente

대기실

la béquille

목발

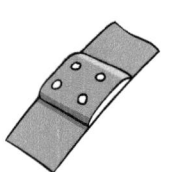

le pansement

반창고

le pansement

붕대

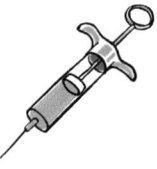

l'injection

주사

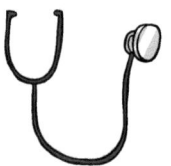

le stéthoscope

청진기

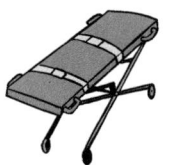

le brancard

들것

le thermomètre

체온계

l'accouchement

출생

la surcharge pondérale

과체중

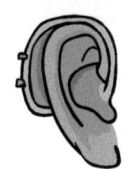

l'appareil auditif

보청기

le désinfectant

소독약

l'infection

감염

le virus

바이러스

le VIH / le sida

HIV / AIDS

le médicament

의학

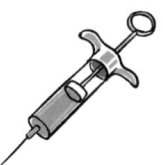

la vaccination

예방접종

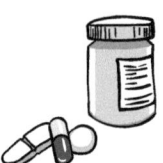

les comprimés

알약

la pilule

알약

l'appel d'urgence

구급 전화

le tensiomètre

혈압측정기

malade / sain

병든 / 건강한

l'alarme

경보음

l'assaut

폭행

Au secours !

도와주세요!

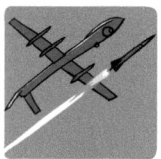

l'attaque

공격

le danger

위험

la sortie de secours

비상구

Au feu!

불이야!

l'extincteur

소화기

l'accident

사고

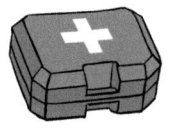

la trousse de premier
secours

구급 상자

SOS

SOS

la police

경찰

l'Europe

유럽

l'Amérique du Nord

북미

l'Amérique du Sud

남미

l'Afrique

아프리카

l'Asie

아시아

l'Australie

호주

l'Océan atlantique

북극

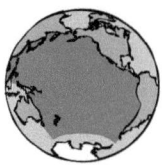

l'Océan pacifique

태평양

l'Océan indien

인도양

l'Océan antarctique

남극해

l'Océan arctique

북극해

le Pôle nord

북극해

le Pôle sud

남극해

l'Antarctique

남극

la terre

지구

le pays

육지

la mer

바다

l'île

섬

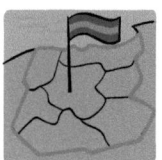

la nation

국가

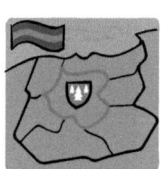

l'état

주

le cadran

시계 문자판

l'aiguille des heures

시침

l'aiguille des minutes

분침

l'aiguille des secondes

초침

Quelle heure est-il ?

몇 시입니까?

le jour

일

le temps

시간

maintenant

지금

la montre digitale

디지털 시계

la minute

분

l'heure

시간

la semaine
주간

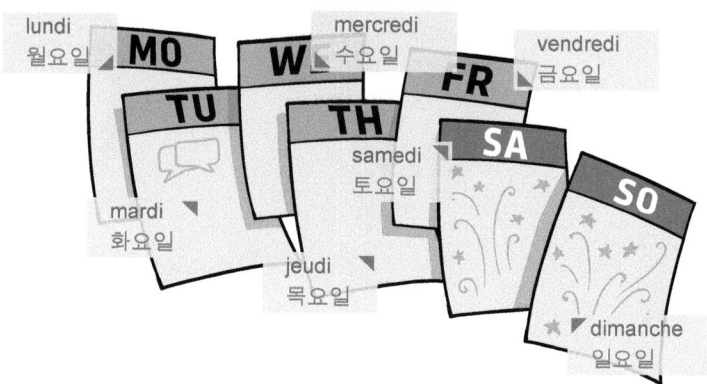

lundi
월요일

mardi
화요일

mercredi
수요일

jeudi
목요일

vendredi
금요일

samedi
토요일

dimanche
일요일

hier
어제

aujourd'hui
오늘

demain
내일

le matin
아침

le midi
정오

le soir
저녁

MO	TU	WE	TH	FR	SA	SU
1	2	3	4	5	6	7
8	9	10	11	12	13	14
15	16	17	18	19	20	21
22	23	24	25	26	27	28
29	30	31	1	2	3	4

les jours ouvrables
근로일

MO	TU	WE	TH	FR	SA	SU
1	2	3	4	5	6	7
8	9	10	11	12	13	14
15	16	17	18	19	20	21
22	23	24	25	26	27	28
29	30	31	1	2	3	4

le week-end
주말

l'année
년도

la pluie
비
l'arc-en-ciel
무지개
la neige
눈
le vent
바람
le printemps
봄
l'automne
가을
l'été
여름
l'hiver
겨울

4.APRIL 11°
5.APRIL 4°
6.APRIL 13°
7.APRIL 8°
8.APRIL 10°

la météo

날씨 예보

F
C
120
90
60
30
0
-30
40
30
20
10
0
-10
-20

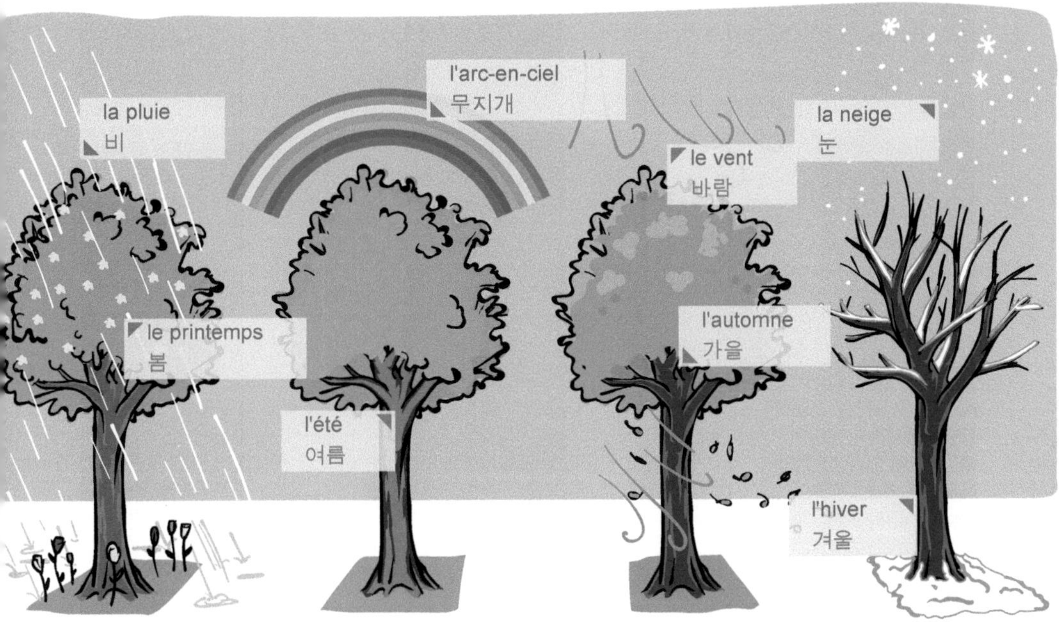

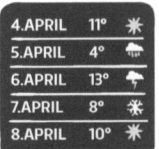

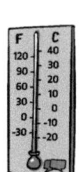

le thermomètre

온도계

la lumière du soleil

햇빛

le nuage

구름

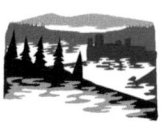

le brouillard

안개

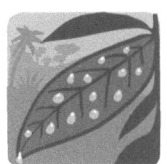

l'humidité

습도

la foudre

번개

la tonnerre

천둥

la tempête

폭풍

la grêle

우박

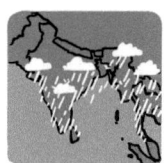

la mousson

장마

l'inondation

홍수

la glace

얼음

janvier

1월

février

2월

mars

3월

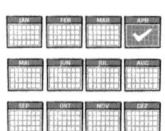

avril

4월

mai

5월

juin

6월

juillet

7월

août

8월

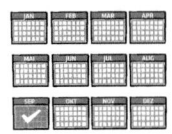

septembre
....
9월

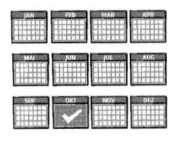

octobre
....
10월

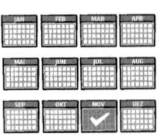

novembre
....
11월

décembre
....
12월

les formes

형태

le cercle
....
원

le carré
....
정사각형

le rectangle
....
직사각형

le triangle
....
삼각형

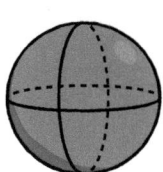

la sphère
....
구

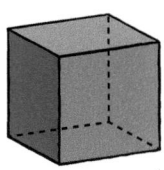

le cube
....
정사면체

blanc

하양

jaune

노랑

orange

주황

rose

분홍

rouge

빨강

violet

보라

bleu

파랑

vert

초록

marron

갈색

gris

회색

noir

검정

beaucoup / peu
....
많은 / 적은

fâché / calme
....
화난 / 차분한

joli / laid
....
아름다운 / 추한

le début / la fin
....
시작 / 끝

grand / petit
....
큰 / 작은

clair / obscure
....
밝은 / 어두운

frère / soeur
....
형제 / 자매

propre / sale
....
깨끗한 / 더러운

complet / incomplet
....
완전한 / 불완전한

le jour / la nuit
....
낮 / 밤

mort / vivant
....
죽은 / 산

large / étroit
....
넓은 / 좁은

comestible / incomestible

삭용의 / 비식용의

méchant / gentil

불친절한 / 친절한

excité / ennuyé

흥분된 / 지루한

gros / mince

뚱뚱한 / 마른

le premier / le dernier

처음으로 / 마지막으로

l'ami / l'ennemi

친구 / 적

plein / vide

꽉 찬 / 텅 빈

dur / souple

딱딱한 / 부드러운

lourd / léger

무거운 / 가벼운

faim / soif

배고픔 / 목마름

malade / sain

병든 / 건강한

illégal / légal

불법 / 합법

intelligent / stupide

영리한 / 어리석은

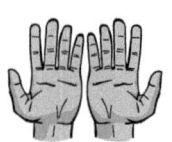

gauche / droite

왼 / 오른

proche / loin

가까운 / 먼

nouveau / usé

새 / 헌

rien / quelque chose

무 / 유

vieux / jeune

늙은 / 젊은

marche / arrêt

온 / 오프

ouvert / fermé

열린 / 닫힌

faible / fort

조용한 / 시끄러운

riche / pauvre

부유한 / 가난한

correct / incorrect

옳은 / 틀린

rugueux / lisse

거친 / 매끄러운

triste / heureux

슬픈 / 기쁜

court / long

짧은 / 긴

lent / rapide

느린 / 빠른

mouillé / sec

젖은 / 마른

chaud / froid

따뜻한 / 시원한

la guerre / la paix

전쟁 / 평화

0

zéro

영

1

un / une

하나

2

deux

둘

3

trois

셋

4

quatre

넷

5

cinq

다섯

6

six

여섯

7

sept

일곱

8

huit

여덟

9

neuf

아홉

10

dix

열

11

onze

열하나

12

douze

열둘

13

treize

열셋

14

quatorze

열넷

15

quinze

열다섯

16

seize

열여섯

17

dix-sept

열일곱

18

dix-huit

열여덟

19

dix-neuf

열아홉

20

vingt

스물

100

cent

백

1.000

mille

천

1.000.000

le million

백만

les nombres - 숫자

l'anglais

영어

l'anglais américain

미국식 영어

le chinois mandarin

중국어 만다린

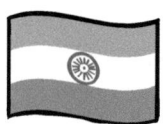

le hindi

힌두어

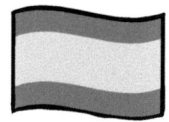

l'espagnol

스페인어

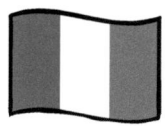

le français

프랑스어

l'arabe

아랍어

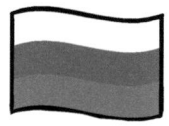

le russe

러시아어

le portugais

포르투갈어

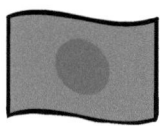

le bengali

불가리아어

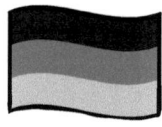

l'allemand

독일어

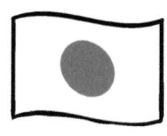

le japonais

일본어

je

나

tu

너

il / elle / ce, c', cela

그 / 그녀/ 그것

nous

우리

vous

너희들

ils / elles

그들

Qui ?

누가?

Quoi ?

무엇이?

Comment ?

어떻게?

Où ?

어디서?

Quand ?

언제?

le nom

이름

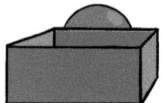

derrière

뒤에

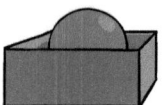

dans

안에

devant

앞에

au-dessus

위에

sur

위에

en-dessous

아래에

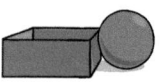

à côté de

옆에

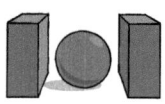

entre

사이에

le lieu

장소